Variationen über Rot

Impressum
Variationen über Rot

Aquarelle
Andreas Felger, Gnadenthal
Konzeption
Stefan Wiesner, Gnadenthal
Geleitwort
Dr. Oliver Kohler, Mainz
Gestaltung und Herstellung
Martina Heuer, Gnadenthal
Reproduktionen
Digital Design Borgers, Hünstetten-Wallrabenstein
Druck und Bindung
Freiburger Graphische Betriebe, Freiburg

siehe Seite 62 f.

2006
Präsenz Kunst & Buch,
Gnadenthal 17a, 65597 Hünfelden
www.praesenz-verlag.de
ISBN 3-87630-532-2

Variationen über Rot

Aquarelle
Andreas Felger

Gedichte
Rose Ausländer
Johannes Bobrowski
Paul Celan
Hilde Domin
Rüdiger Görner
Johann Wolfgang von Goethe
Peter Härtling
Ulla Hahn
Manfred Hausmann
Hermann Hesse
Mathias Jeschke
Reiner Kunze
Pablo Neruda
Georg Trakl
und andere

Präsenz

Klatschrose

Fern erblick' ich den Mohn; er glüht.
Doch komm ich dir näher,
ach, so seh' ich bald, daß du die Rose nur lügst.

Johann Wolfgang von Goethe

Blüte des Traums und der Phantasie

Grau oder grell: Meistens stellt die moderne Wirklichkeit nur vor diese Wahl. Der Alltag entwickelt sich zu einem künstlichen Normalzustand von Farblosigkeit oder virtueller Buntheit. Menschen vergessen immer häufiger, wie es eigentlich sein könnte. Dann führt irgendein Weg in die Landschaft jenseits der Stadt. Ein unscheinbarer Hang ist über und über mit roten Blumen übersät. Sie stehen nicht in Reih und Glied, sondern ausgestreut in einer fröhlichen Laune des Windes, im freien Spiel der Elemente, im Leichtsinn des Glücks.
Der Mohn muss von jenen Blumen abstammen, die einst im Paradies voller Überfluss des Schöpfungsmorgens blühten. Wer ihm begegnet, findet in einen Mikrokosmos von Geheimnis und Traum.

Die Kunst der Welt staunt über den Mohn. Seine zur Harmonie versöhnte Gegensätzlichkeit von dunkel und hell, rot und schwarz fängt sie in Pinselspuren und Sprachbildern ein. Farblandschaften als weites Land oder als Blütenblatt bedeuten dem Maler Andreas Felger viel. Den Mohn sieht er im inneren Kreis seines Schaffens. Die Blume und der Maler haben sich gefunden. Vor vielen Jahren schon begann diese Inspiration. Bis heute entstehen immer neue Erschließungen. Felgers Holzschnitte kennen die hellroten Kreise voller Mohnblüten als Geometrie des Wachsenden. Schraffuren durchziehen wie ein Adernetz die Außenhaut der Blütenblätter. Spuren von Mohnrot finden sich verweht in anderen Farbfeldern eines Holzschnitts. Den Gegenpol zum Holzschnitt bildet Felgers Ölmalerei. Abstraktionen in Rot werden zu Energiefeldern, in die Fläche gebändigt und doch glutvoll zum Übertritt in andere Bildbereiche bereit.
In der Mitte seiner Arbeiten zum Mohn steht das Aquarell. Diese Kunst des Augenblicks ist dem Mohn besonders nahe.

Pinselbahnen tasten nach einem Gewächs, das allem menschlichen Zugriff entzogen bleibt. In Sekunden entscheidet sich deren Kontur. Der Malakt erfasst Momente von der ersten Rötung bis zur späten Auflösung einer Blüte. Häufig verabschieden sich die Farben von der Gegenständlichkeit und gewinnen ihre eigene Plastizität. Spiegel des Lebendigen sind die vielfachen Übergänge: vom Sichtbaren zum Sinn, von der Konkretion zur Abstraktion, von der Blume zum Zeichen in einem Alphabet der Schöpfung. Dieser Künstler macht sich kein Bild, sondern lässt die Blumen mit ihrer ganzen Individualität in den Binnenraum eines Werkes. Ein Schönheitsideal müssen sie nicht erfüllen. Jede ausgestanzte Makellosigkeit meidet er. Viele Blütenränder sind eingerissen. Das malerische Geschehen spiegelt ihre Persönlichkeit. Varianten von Mohn werden zu Variationen in Rot. Jedes Stadium der Entwicklung ist ihm bedeutsam: Same und Stengel, Kapsel und Blüte, eine den Witterungen trotzende Stärke und das abendliche Vergehen. Stationen eines Lebens verdichten sich in den Tagen einer Pflanze. So sieht auch die Poesie der Welt den Mohn nicht nur als Gewächs, sondern als Verkörperung menschlicher Empfindungen. Mag die Anzahl der ihm gewidmeten Gedichte auch geringer sein als die auf andere Blumen bezogenen, so beeindruckt ihre Tiefe. Dichterinnen und Dichter suchen und finden Worte für dieses unerklärliche Wunder am Wegrand. In seinem Geheimnis kreuzen sich Malerei und Literatur.

Manchmal öffnet sich Mohn wie ein Raum. Wege führen hinein, Wege des Betrachtens, des Staunens, der Versenkung. Das Blüteninnere birgt unter schwarzem Gewölk einen Kern. Der Maler verleiht ihm oft eine verdichtete Anmutung. Der Mohn wird zum Weggefährten in verlassene Regionen des

Bewusstseins. Als Lotse geleitet er an Ufer des Traums. „Wenn das Mohnblatt niederfällt / und die Kapsel schwarz enthält / schwere, bodenlose / Träume, …“ (Elisabeth Langgässer).
Die Grenzen zwischen gestern und heute, innen und außen, wahr und erdacht weiten sich. Der Traumtänzer betritt ein Seil, ausgespannt zwischen Vertrautem und Unbekanntem. Mit traumwandlerischer Sicherheit setzt er einen Fuß nach dem anderen auf den vibrierenden Steg. Mancher Traumweg endet allerdings in einem haltlosen Sturz und anderen namenlosen Schrecken. Die Angst im Inneren öffnet ihre Pforten und träumt sich ins Sichtbare. Dann befreit erst das Erwachen aus der Umklammerung.
Dennoch können Träume mitwirken an einem Heilwerden der Schöpfung. Das Auseinanderstrebende vernetzen sie und verbinden das Zerrissene. Im Wüstensand finden sich manchmal die Scherben eines Gefäßes aus längst vergangenen Jahrhunderten. Lauter Bruchstücke sind es, und doch klingt in ihnen das Ursprüngliche noch nach. Die Hand einer Archäologin setzt sie immer neu zusammen, bis eine Ahnung des Ganzen entsteht. Aus den Fragmenten eines Lebens formt die Traumhand ein Neues und zugleich Ursprüngliches. Der Mohn als eine der geheimnisvollsten Blumen deutet eine solche Urkraft an.
Die Sehnsucht nach einer tiefen, wirklich berührenden Empfindung stirbt nicht. Fällt Regen auf den Wüstenboden, wachsen auf einmal die sonderbarsten Blumen. Der Mohn ist die Blüte des Traums und der Phantasie. Man kann ihn nicht pflücken und aufbewahren. Seine Gunst schenkt er für den Augenblick. Als ein Wimpel des Lebens flattert sein Rot im Wind.

Oliver Kohler

Ode an das Menschenpaar

Vollende dich
Mann oder Weib, daß nichts
dir Furcht einjage.
Irgendwo
erwartet man dich
zu dieser Stunde.
Steh auf:
Es bebt
in den Glocken das Licht,
die Mohnrose wird geboren,
leben
sollst du
und Leben schaffen
aus Lehm und Licht.

Pablo Neruda

Knospe

Die Knospe einer Liebkosung,
von keinem Gärtner gepflegt,
im Laub meines Körpers verborgen,
langsam,
unaufhaltsam sich öffnend,
macht mich fremd mit mir selbst.

Hilde Domin

Ein wilder Mohn
am Rande meines Blumenbeetes:
der Tupfen der Vollkommenheit.

Toyotama Tsuno (übertragen von Manfred Hausmann)

Klatschmohn

wir haun uns
in das Weizenfeld
atmen die Junihitze
jeder einen Halm im Mund
schweigen wir uns zu
wir ziehn dem Klatschmohn
die Blätter aus
rote Seide
zwischen den Fingern
sehn wir den Regenbogen
aus der Erde steigen

Peter Beicken

Das Mohnfeld

Es war einmal, ich weiß nicht wann
und weiß nicht wo. Vielleicht ein Traum.
Ich trat aus einem schwarzen Tann
an einen stillen Wiesensaum.

Und auf der stillen Wiese stand
rings Mohn bei Mohn und unbewegt,
und war bis an den fernsten Rand
der rote Teppich hingelegt.

Und auf dem roten Teppich lag,
von tausend Blumen angeblickt
ein schöner, müder Sommertag,
im ersten Schlummer eingenickt.

Kein Hauch. Kein Laut. Ein Vogelflug
bewegte kaum die Abendluft.
Ich sah kaum, wie der Flügel schlug,
ein schwarzer Strich im Dämmerduft.

Es war einmal, ich weiß nicht wo.
Ein Traum vielleicht. Lang ist es her.
Ich seh nur noch, und immer so,
das stille, rote Blumenmeer.

Gustav Falke

Roter Mohn

Leuchtender! Die wilden Winde
übersteht dein Leuchten nicht
aber leih mir, daß ich´s binde,
dein Erglühen zum Gedicht.

Nicht daß davon je geblieben
wär dein Bild, das Rot darin!
Immer, was wir herzlich lieben,
geht dahin, wie Rauch dahin.

Johannes Bobrowski

Name / Vorname

Straße / Hausnummer

PLZ / Wohnort

E-Mail-Adresse
(Mit der Zusendung von Informationsmaterial bin ich einverstanden.)

Präsenz

Präsenz Kunst & Buch
Gnadenthal 17a · 65597 Hünfelden
Telefon: 06438 / 81 281 · Fax: 06438 / 81 282
info@praesenz-verlag.de
www.praesenz-verlag.de

Mit der Rücksendung erkläre ich mich einverstanden, dass meine Adresse in die Kundendatei von Präsenz Kunst & Buch aufgenommen wird. Wenn ich keine Zusendung mehr wünsche, kann ich jederzeit eine Adresslöschung verlangen.

Bitte
frankieren

Antwortkarte

Präsenz Kunst & Buch
Gnadenthal 17a

65597 Hünfelden

Die Fabel vom Mohn

Auf einem Mohnkorn steht ein kleines Haus,
die Hunde bellen ihren Mohnmond an,
aber kein Mohnhund fand bis jetzt heraus,
daß es auch größere Welten geben kann.

Die Erde ist ein Körnchen – weiter nichts,
ein Körnchen jeder Stern oder Planet.
Vielleicht gibts hunderttausend Körner Lichts,
auf denen so ein Haus mit Gärtchen steht.

All das im Mohn. Der wächst im Gartenbeet.
Die Kinder laufen, und der Mohn steht da.
Und abends, wenn der gute Mond aufgeht,
bellen ihn Hunde an, bald fern, bald nah.

Czeslaw Milosz

Blühender Mohn

Laue, linde
Sommerwinde,
wiegt mein Mohnfeld leicht und leis,
daß die blanken
Blüten schwanken
rosenrot und lilienweiß!

Julisonne,
Sommerwonne
stehn auf ihrer Höhe schon;
deiner Fahnen
leises Mahnen
wohl vernehm ich's, bunter Mohn!

Sinnend steh' ich,
träumend seh ich
weit ins Land vom Wiesensaum:
Winde weben,
Blüten beben –
und das Leben ist ein Traum.

Karl Gerok

Julikinder

Wir Kinder im Juli geboren
Lieben den Duft des weißen Jasmin,
Wir wandern an blühenden Gärten hin
Still und in schwere Träume verloren.

Unser Bruder ist der scharlachene Mohn,
Der brennt in flackernden roten Schauern
Im Ährenfeld und auf den heißen Mauern,
Dann treibt seine Blätter der Wind davon.

Wie eine Julinacht will unser Leben
Traumbeladen seinen Reigen vollenden,
Träumen und heißen Erntefesten ergeben,
Kränze von Ähren und rotem Mohn in den Händen.

Hermann Hesse

Petersiliensommer

Zögernd beginnt dieser Sommer mit
Sandelholz Marmelade und
Petersilie die könnte er immer
essen wir sie mit den nackten
Männern und Frauen die aus den Steinen
plätschern winden wir dem
der sie schuf den krausen Kranz
Setzen grüne gefranste Segel all
abendlich übern Spumante hinter
roten Pforten versinken wir in
Petersilie und Mohn
Morgens streichen wir durch entadelte
Gärten fletschen glücklich
unser grünes Gebiß
Hahnenfuß Löwenzahn Hirtentäschel und
andere niedere Pflanzen
verschmäht er schreit Peter
silie wird wild da suchen wir
hinter jedem Busch Baum bis
in die Zirruswolken färben wir
grün ein himmlischer Vorrat
wir fressen uns durch diesen Sommer
wird uns die Petersilie
das Wasser im Mund nicht vergehn.

Ulla Hahn

Durchs Korn gehn warme Gassen

Durchs Korn gehn warme Gassen,
Mohnblumen trunken drohen
und feurig nach dir fassen.

Die Ähr' schwillt heiß und hager.
in Halmen himmelhohen
baut uns die Lieb' ein Lager.

Wo Lerchen drüber stehen,
wenn wir wie Kornbrand lohen,
wie Mohn durchs Feuer gehen.

Max Dauthendey

Sommer

Am Abend schweigt die Klage
Des Kuckucks im Wald.
Tiefer neigt sich das Korn,
Der rote Mohn.

Schwarzes Gewitter droht
Über dem Hügel.
Das alte Lied der Grille
Erstirbt im Feld.

Nimmer regt sich das Laub
Der Kastanie.
Auf der Wendeltreppe
Rauscht dein Kleid.

Stille leuchtet die Kerze
Im dunklen Zimmer;
Eine silberne Hand
Löschte sie aus;

Windstille, sternlose Nacht.

Georg Trakl

Am Zaun

Ein fester Weg ist's schon,
der rings entlang des Zaunes führt,
von notverzagten Schritten ausgetreten.

Daneben roter Mohn,
grad unterm Zaun, ganz unberührt
und frei –- ein wundersamer Glanz verwehten

Schicksals, so frei zu sein!
– Doch über Nacht zerstreut' sein Blühn
die roten Blätter über Stoppelstreifen;

der Fruchtkelch stand allein,
ein öder Halm. – Sein Gleichnis schien
Gebot mir: zu entbehren, doch zu reifen!

Ernst Werner

Augustmittag

Leben, verweile, ich bin dein,
mund und augen, nacht und fluß sind mein,
ich liebe, sehe, brenne, ströme hin!
Opfre meine tränen frohem sinn,
furche meine stirn, die sich dir bot,
gib den nächten meine lippen, der liebe meinen tod!

(Strophe vom August 1933)

Leben, verweile,
dies ist gewiß der augenblicke augenblick,
alles, was ich in dich säte, gibt er mir zurück,
ich lebte nur für ihn – leben, bleibe stehn,
mir ist, als würde alles ich zum ersten
und zum letzten male sehn.

Leben, verweile,
dies ist gewiß der augenblicke augenblick!
Jetzt steh still, ich will dir alles geben!
Wenn du dich rührst, wie soll ich weiterleben?
Leben, verweile,
ich gebe mich dir ganz, nur daß er nicht enteile,
wir haben die letzte gelegenheit, verweile!

– – –

Leben, dank, du bliebst nicht stehn!
Tausend neue augenblicke bringt der augenblick,
der uns entschwebt.
Hättest du verweilt, ich wäre tot, ich hätte nicht gelebt.
Und ich lebe, weil mein leben aufbruch war und weiterziehn.
Auch dieser augenblick zersprang vor glut.
Dank, daß du nicht verweiltest, dank für ihn!

František Hrubin
Nachdichtung von Reiner Kunze

Was mag das Mohnblatt fühlen,
wenn es niederschwebt
leiser noch als leise?

Ochi Etsujin (übertragen von Manfred Hausmann)

Der Mohn

Wie dort, gewiegt von Westen,
des Mohnes Blüte glänzt!
Die Blume, die am besten
des Traumgotts Schläfe kränzt;
bald purpurhell, als spiele
der Abendröte Schein,
bald weiß und bleich, als fiele
des Mondes Schimmer ein.

Zur Warnung hört' ich sagen,
daß, wer im Mohne schlief,
hinunter ward getragen
in Träume schwer und tief;
dem Wachen selbst geblieben
sei irren Wahnes Spur:
Die Nahen und die Lieben
halt' er für Schemen nur.

In meiner Tage Morgen,
da lag ich auch einmal,
von Blumen ganz verborgen,
in einem schönen Tal.
Sie dufteten so milde!
Da ward, ich fühlt' es kaum,
das Leben mir zum Bilde,
das Wirkliche zum Traum.

Seitdem ist mir beständig,
als wär' es so nur recht,
mein Bild der Welt lebendig,
mein Traum nur wahr und echt;
die Schatten, die ich sehe,
sie sind, wie Sterne, klar.
O Mohn der Dichtung! wehe
ums Haar mir immerdar!

Ludwig Uhland

Der Sommer geht weg

Die distel schmeichelt mit weichem fell

Die mohnblume wirft ihr kleid ab
wie eine schwangere

Die kamille franst aus
an den knöpfen

Die wegwarte schließt sich
und ergraut

Reiner Kunze

Mohn

Die Uhr des Mohns
rollt mit dir fort.

Nichts weniger
als dieser rote Mund,

der ruft
zu deiner Stunde Null.

Da stehst du,
schlag die Augen auf

und lies
das Mohnwort Tod -

und sieh: es geht
im Liebessiegel auf -,

zu dem
dies runde Glockenrot

die Weise
läutet: Höre, reise!

Mathias Jeschke

Gesagt verschwiegen

Der Mohn öffnet
seinen roten Kelch

Du hast viel gesagt
und manches verschwiegen

Dein gesprächiges Leben
tanzt
mit dem schweigenden Tod

Rose Ausländer

Mohn

Die Nacht mit fremden Feuern zu versehen,
die unterwerfen, was in Sternen schlug,
darf meine Sehnsucht als ein Brand bestehen,
der neunmal weht aus deinem runden Krug.

Du mußt der Pracht des heißen Mohns vertrauen,
der stolz verschwendet, was der Sommer bot,
und lebt, daß er am Bogen deiner Brauen
errät, ob deine Seele träumt in Rot.

Er fürchtet nur, wenn seine Flammen fallen,
weil ihn der Hauch der Gärten seltsam schreckt,
daß er dem Aug der süßesten von allen
sein Herz, das schwarz von Schwermut ist, entdeckt.

Paul Celan

Der Mohn ist noch nicht rot

Sieh die leise Mutter unter Sternen
blau und weiß und voller Mondgebete
so gehen meine Stunden und Sekunden
immerfort im kleinen Kreise
wie die Mühle immerfort im kleinen Kreise

Muß nicht bald der Fürst mich holen
In der Asche sind noch meine Sohlen
Wolke webt mein Tuch aus Blitz und Tau
Himbeerrosen tropfen auf den Saum
Die Minuten ziehn in engen Kreisen
um mein Warten
immerfort im bangen Kreise um mein Warten

Berge bücken sich mit goldnem Schnee
Mutter nähte meinen weißen Mantel
hermelinverbrämt mit Sternekragen
Berge bücken sich mit goldnem Schnee
Wartet ungeduldige Aschenjahre
Fürsten eilen nicht die Ewigkeit hat Zeit

Der Mohn ist noch nicht rot in meinem Haar

Rose Ausländer

Schlafmohn. Mohnschlaf. Das könnte meine Gegend sein.
Hier blüht er nicht nur rot, er blüht weiß und
in einem vom Wind verwehten Rosa. Süßgemahlen,
süßgestampft. In Teig gewickelt und eingeschlagen.
Unerwartet, ich bin sicher, wird eine Kundige
aus dem Wald kommen,
mir Mohn auf die Lippen streichen und warten,
bis die Haut schwarzes Fell austreibt und ich
schlafend über die Grenze treibe, frei von Träumen,
hinüber in den Mohnschlaf, den Katzentod.

Peter Härtling

Corona

Aus der Hand frißt der Herbst mir sein Blatt:
            wir sind Freunde.
Wir schälen die Zeit aus den Nüssen
            und lehren sie gehn:
die Zeit kehrt zurück in die Schale.

Im Spiegel ist Sonntag,
im Traum wird geschlafen,
der Mund redet wahr.

Mein Aug steigt herab zum Geschlecht der Geliebten:
wir sehen uns an,
wir sagen uns Dunkles,
wir lieben einander wie Mohn und Gedächtnis,
wir schlafen wie Wein in den Muscheln,
wie das Meer im Blutstrahl des Mondes.

Wir stehen umschlungen im Fenster, sie sehen uns zu
            von der Straße:
es ist Zeit, daß man weiß!
Es ist zeit, daß der Stein sich zu blühen bequemt,
daß der Unrast ein Herz schlägt.
Es ist Zeit, daß es Zeit wird.

Es ist Zeit.

Paul Celan

Lieb und Mohn

Ach im Guß und Glanz der Stunde
ward ich jäh an dich gebannt.
Lieb und Mohn – o Feuerwunde,
untilgbar mir eingebrannt!

Wie ein Fächer, rot entfaltet,
fachst du wilder Mohn mich an – –
und doch ist er mir erkaltet
und um mich schlägt nur mein Wahn!

Wie du wächst, ach bis zum Munde
Reicht mir deine Schale schon,
und auf deinem schwarzen Grunde
brennt er – er, mein Todesmohn.

Ach, ich trinke deines Bechers
Gift und Glut und grelles Licht,
und die Flammen deines Fächers
lohen um mein Angesicht!

Rose Ausländer

Mohn

Spielend wiegst du auf dem Schafte
Blüten hell und rot,
aber in dem dunklen Safte
lauert schon der Tod.

An des Jahres Sonnenwende
mahnst du schlicht und frei:
daß des schönsten Daseins Ende
nah' dem Anfang sei.

Adolf Pichler

Mohnaugen

I

Weissagende Tote; Stimmen aus Flandern: so blüht ein Alp.
Mohn regnet in Whitehall über vergreisenden Schritten. Du
kennst die Felder, die weißen Kreuze, die roten Kränze.

Engel, sagt der Dichter, durchschauten mit blauen Mohnaugen
deinen Traum, deine Absicht, dein Herz. Denn Mohn ist süchtig
nach Menschen. Nach Tanz und Wind. Nach wachsenden Bildern.

Leidensblume, Schnitter sind nah. Und Linsenschleifer; denn
Mohnaugen haben eine fremde Optik: Sie sehen am schärfsten
durch Nebelschleier und trüber im Licht. Sie säen den Tod.

II

Wer blüht noch entblättert? Der Mohn, der Mohn.
Wer klingt mehr als zu duften? Der Mohn, der Mohn.
Wer ist mehr Wort als Pflanze? Der Mohn, der Mohn.

Morgen, sagt der Tote, stirbt das Feld; es färbt sich Dunst
und Traum, die Angst verblüht und Nacht entleert die Zeit.
In den Gräben modern Schrapnelle, wo einst Engel vergingen,

der Hoffenden jüngste; ihr Zittern bewegt noch den Mohn,
der Hauch der Stille nach dem Ende. Siehst du, wie einer wiegt
den Mohn, da drüben, wo der Sturm verblaßt,
der dem Mohn entfuhr.

III

Noch sind wir, wo wir waren. Noch erinnern wir Mohn.
Aber die Felder versteppen. Und nur die Gräber kennen uns noch.
Ein Morgen kann es nur geben, wenn wir den Mohn nicht

nur sehen, träumen, schmecken, sondern hören; wenn Mohn
nichts als Klang ist, nichts als ein Geständnis aus Tönen,
dann können wir weiter, jenseits der Felder und Städte

aus Ruinen, in denen Mohn wuchs und betäubte; jenseits
der Zentren und Ränder; dorthin, wo der Mohn singt,
wo das Lied Mohn isst, bis rötliche Schatten vibrieren.

Rüdiger Görner

Ewig

Zwischen einer gepflückten Blume und der geschenkten
das unausdrückbare Nichts

Giuseppe Ungaretti.

Gefährliche Blume

Mohnblume, rotes Mohngesicht,
täusche mich, aber lieb mich nicht.

Wie du übertreibst mit deinem Duft,
wie du das Rot deiner Schminke strahlst
und dir die Augen blau untermalst
und Seele aushauchst in die Luft!

Mohnblume, rotes Mohngesicht!

Es gab eine, die sah aus wie du,
wenn sie rot wurde, so wie du dich stellst,
und dann, weshalb du mir auch gefällst,
sie hatte schwarze Wimpern wie du.

Mohnblume, rotes Mohngesicht!

Es gab eine, die sah aus wie du …
Und ich zittre heimlich bei der Idee,
daß ich deine Hand noch in meiner seh.
Mir wird Angst, wenn das so weitergeht,
daß auf einmal ein Mädchen vor mir steht.

Alfonso Reyes (übertragen von Erwin Walter Palm)

Mir ist so kalt, und ich weiß wohl
Daß mir von all den roten Träumen wilden Mohns
Nichts bleiben wird
Als ein paar Tropfen Bluts.

Forugh Farrochsad

Andreas Felger

1935 am Fuß der Schwäbischen Alb geboren. Studium an der Kunstakademie München. Zahlreiche Ausstellungen im In- und Ausland. Viele Buchveröffentlichungen. In seinem weit gespannten künstlerischen Werk begegnen sich Natur, Musik, Zeitgeschichte und biblische Offenbarung. Andreas Felger lebt in Hünfelden-Gnadenthal.

Mehr über den Künstler erfahren Sie im Internet:
www.af-kulturstiftung.de

Quellennachweis

S. 10: © Pablo Neruda, Das Lyrische Werk 2, hrsg. von Karsten Garscha, in der deutschen Übersetzung von Erich Arendt, erschienen im Luchterhand Literaturverlag, München, einem Unternehmen der Verlagsgruppe Random House GmbH

S. 12: Hilde Domin, Knospe. Aus: dies., Gesammelte Gedichte. © S.Fischer Verlag GmbH, Frankfurt am Main 1984

S. 14: Manfred Hausmann, Japanische Lyrik © 1974, 1980, 1990 by Verlags-AG Die Arche, Zürich

S. 16: „Klatschmohn" aus Peter Beicken, Kindheit in W., Wuppertal, 1983 (Hrsg. von Friedhelm Pamp und Rainer Frank. Paul Hans Sievers Verlagsgesellschaft). Mit freundlicher Genehmigung des Autors.

S. 20: Johannes Bobrowski, Gesammelte Werke in sechs Bänden, Band II © 1998 Deutsche Verlags-Anstalt, München in der Verlagsgruppe Random House GmbH

S. 21: Czesław Miłosz, Gedichte. Übers. v. Karl Dedecius, Suhrkamp Verlag, Frankfurt/Main, 1992

S. 25: Das Lied des Lebens. Die schönsten Gedichte von Hermann Hesse, Suhrkamp Verlag, Frankfurt/Main, 1996

S. 28: Ulla Hahn, Freudenfeuer © 1985 Deutsche Verlags-Anstalt, München in der Verlagsgruppe Random House GmbH

S. 33: František Hrubin, Augustmittag. Nachdichtung von Reiner Kunze. Aus: Reiner Kunze, Wo wir zu Hause das Salz haben. © S.Fischer Verlag GmbH, Frankfurt am Main 2003

S. 34: Manfred Hausmann, Japanische Lyrik © 1974, 1980, 1990 by Verlags-AG Die Arche, Zürich

S. 37: Reiner Kunze, Der Sommer geht weg. Aus: ders., gespräch mit der amsel. © S.Fischer Verlag GmbH, Frankfurt am Main 1984

S. 38: © 2006 Mathias Jeschke, Stuttgart; Erstveröffentlichung

S. 40: Rose Ausländer, Gesagt verschwiegen. Aus: dies., Ich höre das Herz des Oleanders. Gedichte 1977–1979. © S.Fischer Verlag GmbH, Frankfurt am Main 1984

S. 41: Paul Celan, Gesammelte Werke, Bd. III: Gedichte, Suhrkamp Verlag, Frankfurt/Main, 1983

S. 44: Rose Ausländer, Der Mohn ist noch nicht rot. Aus: dies., Die Sichel mäht die Zeit zu Heu. Gedichte 1957–1965. © S.Fischer Verlag GmbH, Frankfurt am Main 1985

S. 46: Mit Genehmigung des Radius-Verlages entnommen aus: Peter Härtling: Schattenwürfe. Gedichte 2005 © 2005 by Radius-Verlag, Alexanderstraße 162, 70180 Stuttgart

S. 48: Paul Celan, Mohn und Gedächtnis © 1952 Deutsche Verlags-Anstalt, München in der Verlagsgruppe Random House GmbH

S. 49: Rose Ausländer, Lieb und Mohn. Aus: dies., Die Erde war ein atlasweißes Feld. Gedichte 1927–1956. Gedichte 1983–1987 © S.Fischer Verlag GmbH, Frankfurt am Main 1985

S. 52 und 54: © Rüdiger Görner; Erstveröffentlichung

S. 55: Guiseppe Ungaretti, Gedichte. Italienisch und deutsch, übertragen von Ingeborg Bachmann, Suhrkamp Verlag, Frankfurt/Main, 1961, S. 9

S. 56: Rose aus Asche. Spanische und spanisch-amerikanische Gedichte 1900–1950. Hrsg. u. übertragen von Erwin Walter Palm. Suhrkamp Verlag, Frankfurt/Main, 1981, S. 67

S. 60: Forugh Farrochsad, Jene Tage. Suhrkamp Verlag, Frankfurt/Main, 1994

Bilder

Seite 5: Aquarell „Ohne Titel", 2003, Größe 27,7 x 19 cm

Seite 9: Aquarell „Ohne Titel", 2005, Größe 74 x 55 cm

Seite 11: Aquarell „Ohne Titel", 2004, Größe 16 x 9 cm

Seite 13: Aquarell „Ohne Titel", 2002, Größe 38 x 27 cm

Seite 16/17: Aquarell „Ohne Titel", 2003, Größe 55 x 75,6 cm

Seite 20/21: Aquarell „Ohne Titel", 1999, Größe 21 x 28 cm

Seite 25: Aquarell „Ohne Titel", 2000, Größe 56 x 78 cm

Seite 29: Aquarell „Ohne Titel", 2003, Größe 38 x 27 cm

Seite 33: Aquarell „Ohne Titel", 1999, Größe 55 x 40 cm

Seite 37: Aquarell „Ohne Titel", 2005, Größe 74,5 x 55 cm

Seite 40/41: Aquarell „Ohne Titel", 1998, Größe 76 x 57 cm

Seite 43: Aquarell „Ohne Titel", 2002, Größe 76 x 56 cm

Seite 45: Aquarell „Ohne Titel", 2006, Größe 37,5 x 27,5 cm

Seite 47: Aquarell „Ohne Titel", 2002, Größe 75 x 55 cm

Seite 51: Aquarell „Ohne Titel", 2005, Größe 55 x 37,5 cm

Seite 53: Aquarell „Ohne Titel", 2004, Größe 75 x 55 cm

Seite 57: Aquarell „Variation Rot", 1997, Größe 28 x 19 cm

Seite 58/59: Aquarell „Ohne Titel", 1999, Größe 52 x 67 cm